DEGOUVE DENUNCQUES.

LOIS D'EXIL

CONTRE LES DEUX BRANCHES

DE LA

MAISON DE BOURBON.

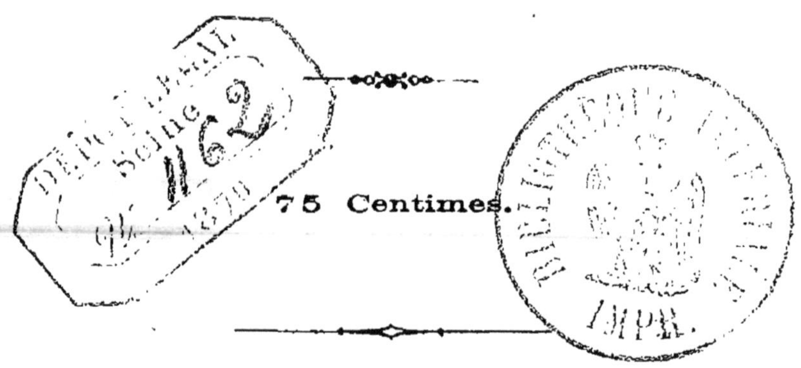

75 Centimes.

PARIS

A. SAUTON, LIBRAIRE-ÉDITEUR

8, RUE DES SAINTS-PÈRES, AU PREMIER.

1870

comment on peut mettre un temps aussi long à en faire cesser l'effet. Et alors on considére comme un devoir dicté par le bon sens autant que par la conscience d'en réclamer la suppression.

C'est évidemment la pensée qui a inspiré M. Degouve Denuncques lorsqu'il a entrepris, en 1867 d'abord, puis en 1869, de persuader au Sénat qu'il s'honorerait grandement aux yeux de tous les gens de cœur s'il conseillait au gouvernement de donner lui-même la mesure de sa force et de sa confiance dans l'avenir en renonçant définitivement à ces lois d'exil qui ne sont pas nécessaires pour sauvegarder l'existence d'un pouvoir réellement national, et qui n'ont jamais préservé d'une chute lamentable ceux qui ne s'appuyaient pas sur l'opinion publique.

Nous avons demandé à M. Degouve Denuncques communication des deux pétitions qu'il a adressées au Sénat, et nous les publions en exprimant l'espoir que cette assemblée n'hésitera pas à prendre une résolution qui mettrait tout à la fois en relief son intelligence des nécessités de notre temps et son désir de donner satisfaction aux hommes qui n'admettent pas que les portes de la France puissent demeurer éternellement fermées pour des princes à qui l'on ne peut reprocher qu'un sincère amour pour leur pays et un profond dévouement à tous ses intérêts.

Pendant que cette publication était à l'impression, le Sénat entendait le rapport suivant, qui lui a été présenté par M. de Marnas (11 février 1870) :

« Messieurs les Sénateurs,

» Le sieur Degouve Denuncques, demeurant à Paris, demande de nouveau l'abrogation de la loi du 10 avril 1832 et du décret du 26 mai 1848, déclarant que le territoire de la France et des colonies soit interdit à perpétuité aux deux branches de la maison de Bourbon.

» Dans la séance du 12 janvier, le Sénat a prononcé l'ordre du jour sur une pétition identique; on croit devoir reproduire les considérations élevées par lesquelles la Commission motivait les conclusions présentées au Sénat :

« Dans tous les temps, de graves considérations ont fait interdire aux familles
» souveraines le territoire sur lequel elles
» avaient régné, lorsqu'à la suite de révo-

» lutions intestines, le pouvoir était tombé » dans leurs mains.

» Nous avons vu par de frappants exem- » ples des trônes rétablis, des dynasties » relevées, mais ces étonnants retours de » la fortune sont dans la main de Dieu ; » ils n'en sortent qu'à l'heure fixée par ses » décrets. La sagesse humaine se garde de » les préparer par d'imprudentes me- » sures.

» Votre Commission n'ajoute rien à ces » graves paroles et elle vous propose de » passer à l'ordre du jour sur la pétition » (Adopté). »

N'est-il pas permis de conclure de ce rapport, si laconique qu'il soit, que, s'il entrait dans les desseins de la Providence de laisser tomber le trône de Napoléon III, le Sénat est, dès maintenant, tout résigné à s'écrier : « Que la volonté de Dieu soit faite! » et à porter immédiatement ses hommages au pouvoir nouveau que la nation pourra acclamer?

La *sagesse humaine* consiste-t-elle donc à se tenir prêt à tous les événements et à tirer parti de toutes les situations? Telle paraîtrait du moins l'opinion du Sénat, qui, tout en repoussant par l'ordre du jour la pétition de M. Degouve Denuncques, ne semble pas avoir voulu se brouiller avec l'avenir. N'est-ce pas déjà un assez beau succès pour le pétitionnaire que d'avoir amené la haute Assemblée à prendre une telle attitude?

A. Sauton.

Février 1870.

A Messieurs les Membres du Sénat.

Paris, le 7 décembre 1869.

Messieurs les Sénateurs,

J'ai eu l'honneur, à la date du 7 février 1867, de vous adresser une pétition par laquelle je demandais le rappel des lois de 1832 et de 1848 qui ont prononcé l'exil à perpétuité contre les membres des deux branches de la Maison de Bourbon qui avaient régné sur la France. Cette pétition a été repoussée par l'ordre du jour, à la suite d'un rapport qui reconnaissait pourtant qu'elle avait été inspirée par les sentiments les plus nobles et les plus avouables.

Je viens la renouveler aujourd'hui, et si mon insistance avait besoin d'être justifiée, je pourrais vous dire que depuis que vous avez statué, le chef de l'Etat a décrété une seconde amnistie, et qu'il a ainsi constaté lui-même que les circonstances étaient favorables pour l'adoption de mesures qui, sans mettre en péril la tranquillité du pays, témoignent que les pouvoirs publics se sentent assez forts pour renoncer à l'emploi, vis-à-vis de leurs adversaires, de tous les moyens qui peuvent rappeler la sévérité ou la violence.

Si l'article 9 de la Constitution donne à l'Empereur le droit de faire grâce en annulant les décisions de la justice, ce droit ne s'étend pas jusqu'à lui permettre d'abroger des lois qui ont pu frapper des coupables, mais qui n'atteignent plus aujourd'hui que des innocents.

Voilà pourquoi la dernière amnistie, malgré peut-être le bon vouloir des ministres qui l'ont contresignée, est restée sans effet quant à l'abrogation des lois de bannissement de 1832 et de 1848.

Et voyez la situation véritablement étrange qui en est résultée et qui doit confondre tous les esprits inaccessibles à la passion et aux rancunes sans fin.

L'amnistie, comme je viens de le dire, a annulé des condamnations prononcées par la justice, et nous voyons les portes de la France demeurer fermées pour les membres d'une famille qui ne sont coupables que d'être nés princes de la maison de Bourbon, et à qui aucun tribunal de notre pays n'a jamais eu à demander compte ni d'un acte criminel ni d'un mauvais dessein.

Situation étrange et qu'on a encore aggravée sans nécessité lorsque, dans la dernière loi sur la presse, on a interdit la publication dans un journal ou écrit périodique, sous peine d'une amende de 1,000 fr. à 5,000 fr., de tout article signé par une personne privée de ses droits civils et politiques, ou *à laquelle le territoire de la France est interdit*.

Ainsi, ce n'est pas seulement l'exil qu'on a infligé aux familles que les lois de 1832 et de 1848 condamnent à vivre à l'étranger : c'est quelque chose de plus dur, de plus poignant encore, c'est le silence du tombeau.

On a ajouté une proscription à une proscription, celle de l'esprit à celle du corps, sans prendre garde qu'en rendant ainsi une loi qui, comme celle de 1848 atteint jusqu'à des personnes qui sont nées depuis qu'elle a été rendue, on blessait la conscience et ses plus délicates susceptibilités.

Il est temps, Messieurs les Sénateurs, de faire cesser un état de choses qui s'accuse lui-même et de cette façon.

Lorsque la France revient à la liberté ; lorsqu'elle reconquiert des institutions et des garanties ; lorsque les hommes qui, pendant trop longtemps, ont cru qu'elle était incapable de se gouverner elle-même et l'ont tenue en tutelle, se disputent l'honneur de la remettre en possession des droits qui lui ont été enlevés ou qui lui étaient contestés, quel est celui d'entre vous qui pourrait vouloir que les portes du pays continuent à demeurer fermées pour une famille qui ne saurait plus avoir d'autre prétention que celle de se confondre au milieu de nous pour obéir à nos lois et se soumettre aux volontés du suffrage universel.

Si parmi vous, Messieurs les Sénateurs, quelqu'un en doutait, je ne pourrais que l'engager à étudier ce qui s'est passé depuis bientôt vingt-deux ans que Louis-Philippe a pris, avec toute sa famille, la route de l'exil.

Les princes d'Orléans n'ont sans doute pas oublié qu'ils étaient Français, et rien de ce qui intéressait la France ne les a trouvés indifférents.

Vous pourriez leur en faire un crime si leur sympathie pour la grandeur et la prospérité de la patrie s'était manifestée par des actes délictueux, par des conspirations, par des encouragements à la révolte.

Mais demandez-le donc au gouvernement lui-même qui les a fait surveiller, qui leur a témoigné une méfiance bien souvent tracassière, les a-t-il jamais trouvés associés à aucun complot? Ont-ils jamais montré, par leur attitude, qu'ils désiraient un changement de fortune? Ont-ils fait appel aux armes? Qui pourrait donc autoriser le gouvernement à maintenir la barrière qui leur défend l'accès de la France?

Ne donnerait-il pas une grande preuve de faiblesse s'il persistait davantage à s'effrayer du retour de princes qui resteront sans doute ses adversaires, mais qui ne se sont conduits ni en factieux ni en rebelles?

Et quelle triste idée l'Europe n'aurait-elle pas d'un pouvoir qui témoignerait, par son obstination à demeurer armé d'une loi d'exception, que la présence du duc de Nemours, du prince de Joinville, du duc d'Aumale, que celle des enfants du duc d'Orléans lui paraissent plus dangereuses à Paris qu'à Londres?

Considérez, d'ailleurs, Messieurs les Sénateurs, que si vous ne conseillez pas au gouvernement de consentir dès maintenant à cet acte de grande politique que je lui demande, il viendra un temps, et prochainement peut-être, où il ne pourra plus s'y refuser.

En vertu du droit d'initiative que la France libérale et démocratique les a aidés à reconquérir, les membres du Corps législatif peuvent aujourd'hui présenter un projet de loi qui mettrait fin à un exil immérité.

Il n'est pas, en effet, à supposer que si un tel projet de loi était voté par les représentants du pays, le Sénat et le pouvoir exécutif lui refusassent leur adhésion.

Ne vaut-il pas mieux, dès lors, que spontanément et sans plus tarder, vous donniez satisfaction à ce sentiment public auquel il est toujours périlleux de ne pas céder, lorsqu'il ne demande après tout que des actes de réconciliation et d'oubli ? Je soumets ces faits et ces appréciations à votre esprit politique.

Beaucoup d'entre vous ont servi plus d'un gouvernement, et l'étude des événements auxquels ils ont assisté a dû leur laisser cette conviction que ce n'est pas par des mesures exceptionnelles, qu'aucune idée de justice ne saurait légitimer, que les gouvernements se consolident et inspirent au pays cette sécurité en échange de laquelle il leur accorde la durée.

Voulez-vous qu'on dise que l'avenir de l'Empire ne vous laisse pas sans inquiétude, rejetez ma pétition et prolongez un exil qu'au fond de sa conscience chacun de vous proclame la peine la plus dure et la plus impossible à justifier. Si, au contraire, vous croyez que c'est avec raison que le gouvernement impérial proclame à tout propos qu'il est fort et qu'il peut répondre de tout, abstenez-vous, je vous en prie, d'une résolution qui pourrait faire croire que vous redoutez de voir en France quelques Français de plus.

Le prince Louis-Napoléon Bonaparte, lorsqu'il sollicitait le si grand honneur d'être élevé à la présidence de la République, disait dans le manifeste qu'il publia à cette occasion :

« Moi qui ai connu l'exil et la captivité j'ap-
» pelle de tous mes vœux le jour où la patrie
» pourra sans danger faire cesser toutes les
» proscriptions et effacer les dernières traces
» de nos discordes civiles. »

Si ce jour n'est pas aujourd'hui venu, quand donc viendra-t-il ?

Telle est la question que pose ma nouvelle pétition : j'espère que votre réponse témoignera que vous avez pris au sérieux le vœu qu'exprimait, au mois de novembre 1848, le Princecandidat qui s'appelle aujourd'hui l'Empereur Napoléon III, et qu'au moins, en ce qui vous concerne, vous n'entendez pas vous opposer à ce qu'il s'accomplisse enfin !

J'ai l'honneur d'être, Messieurs les Sénateurs avec une respectueuse considération.

Votre très-humble et très-obéissant serviteur.

DEGOUVE DÉNUNCQUES.

A Messieurs les Membres du Sénat.

Paris, le 7 février 1867.

MESSIEURS LES SÉNATEURS,

Le prince Louis-Napoléon Bonaparte, dans le manifeste qu'il adressa à la France à l'occasion de sa candidature à la présidence de la République, s'exprimait ainsi :

« Moi qui ai connu l'exil et la captivité, j'ap-
» pelle de tous mes vœux le jour où la patrie
» pourra sans danger faire cesser toutes les
» proscriptions et effacer les dernières traces
» de nos discordes civiles. »

Cette pensée était grande et généreuse; les sentiments qui l'avaient inspirée devaient être compris dans un pays comme la France, où les idées et les mesures de proscription, lorsqu'elles réussissent à s'imposer momentanément à la faveur des circonstances, soulèvent bientôt contre elles de telles manifestations de la conscience publique, que le pouvoir lui-même les laisse tomber en désuétude lorsqu'il n'en propose pas formellement l'abrogation.

Aussi n'y a-t-il pas lieu de s'étonner que, dès les premiers mois qui suivirent l'élection présidentielle du 10 décembre 1848, l'assemblée des représentants du peuple ait été saisie de propositions tendant au rappel des lois de 1832 et de 1848, qui avaient prononcé l'exil à perpétuité contre les membres des familles qui avaient régné sur la France.

Une loi semblable avait été rendue le 12

janvier 1816, dans un moment de violente réaction, contre les membres de la famille impériale qu'elle condamnait au bannissement, en donnant pour sanction à ses rigueurs les dispositions du Code pénal qui punissaient de la peine de mort l'attentat ou le complot dont le but était d'exciter à la guerre civile en armant ou en portant les citoyens à s'armer les uns contre les autres.

Je me hâte, d'ailleurs, de constater que la loi du 10 avril 1832, qui maintint contre la famille de Napoléon, en l'appliquant à celle de Charles X, l'interdiction du territoire de la France et de ses colonies, abrogea l'article 4 de la loi du 12 janvier 1816, qui prononçait la pénalité monstrueuse et irrévocable que je viens de rappeler.

Je n'ai sans doute pas besoin d'ajouter que le décret du 26 mai 1848, qui étendit à Louis-

Philippe et à sa famille les dispositions de la loi de 1832, qui avaient banni la branche aînée des Bourbons, laissa, comme elle, sans sanction les proscriptions qu'elle établissait.

Le gouvernement provisoire avait eu l'honneur d'abolir la peine de mort en matière politique. Il ne pouvait venir à l'idée de personne d'en proposer le rétablissement. Toutefois, il y a depuis longtemps chez nous une telle tendance à réprouver les rigueurs exclusivement politiques qui, le plus souvent, en semblable matière, n'atteignent que des innocents, et qui, quelquefois même, frappent des hommes que la plus haute fortune attend, que, dès l'année 1849, l'Assemblée Législative était saisie d'une proposition d'abrogation de la loi du 10 avril 1832 et du décret du 26 mai 1848. Ajournée bien plutôt que rejetée lors de cette première épreuve, elle fut reproduite en 1850 et en 1851.

Dans cette dernière circonstance, le gouvernement crut devoir faire connaître ce qu'il en pensait, et, en venant vous demander aujourd'hui, après un laps de plus de seize années, pendant lesquelles tant de choses ont changé de face dans notre pays, une résolution qu'un honorable député M. Creton n'eût pas la satisfaction d'obtenir malgré la persistance avec laquelle il la réclama alors, je puis m'autoriser de l'opinion d'un ancien ministre du président de la République qui siége au milieu de vous.

La proposition de M. Creton se présentait pour la troisième fois devant l'Assemblée Législative, qui, sans la repousser jamais en principe, avait cru que le pays ne se trouvait peut-être pas encore dans des conditions d'ordre et d'apaisement qui permissent de l'adopter immédiatement et en avait prononcé l'ajournement.

La discussion se rouvrit dans la séance du 1er mars 1851, et M. de Royer, ministre de la Justice, monta à la tribune pour expliquer la pensée du gouvernement.

« Sur la question de principe, dit-il, l'opinion du gouvernement est aujourd'hui ce qu'elle a été dans les deux circonstances où la proposition a été portée devant l'Assemblée.

» La pensée de la proposition de M. Creton n'est pas seulement une pensée généreuse et loyale : le gouvernement vient dire lui-même et bien haut qu'elle est une pensée juste, ce qui est encore bien mieux qu'une pensée généreuse et loyale. »

Et M. le ministre de la justice rappelait alors, pour lui en faire honneur, qu'en décembre 1848, le prince qui allait devenir le président de la République avait lui-même devancé l'initiative de M. Creton, ce qui ne devait rien enlever d'ailleurs, il le reconnaissait, au mérite de la louable persistance de l'honorable député. Résumant son opinion sur le fond même de la proposition, M. de Royer faisait entendre ces paroles qui constituent un engagement : « Sur » la question de principe, l'opinion du gou- » vernement n'a pas changé, et permettez-moi » d'ajouter, dans un temps où la parole doit » aller jusqu'à l'extrême franchise, que s'il fal- » lait combattre ici le principe de la loi d'abro- « gation, ni mes collègues ni moi ne serions à » la tribune. »

Pourquoi donc le gouvernement s'opposait-il à l'adoption de la proposition de M. Creton ? M. le ministre de la justice l'expliquait, après avoir déclaré que le gouvernement croyait très-haut et très-sincèrement à la loyauté des personnes auxquelles s'appliquerait le bénéfice de cette proposition, en invoquant « les excita-

» tions involontaires qu'entraînerait non pas
» seulement le nom et la présence des person-
» nes dont il s'agit, mais la prise en considé-
» ration elle-même de la proposition. »

Vous me permettrez, Messieurs les Sénateurs, de mettre textuellement sous vos yeux les paroles par lesquelles se traduisirent les sentiments de votre honorable collègue.

« Le danger, disait M. de Royer, serait surtout, je prends l'expression qui résumera le plus ma pensée, et qui est, je crois, celle qui est au fond de tous les esprits, le danger serait dans des divisions inévitables que cette abrogation déterminerait dans le pays. Ce danger est, dans notre pensée, si réel, ces raisons politiques sont pour nous si graves, au point de vue des devoirs et de la responsabilité du gouvernement, que nous ne comprendrions pas qu'elles ne fussent pas suivies et respectées, et nous sommes sûrs qu'elles le sont, par le patriotisme des personnes qu'il faudrait rappeler.

» Mais enfin il y a quelque chose qui peindra peut-être à vos yeux, et plus nettement, la véritable situation du gouvernement.

» Si le gouvernement avait le bonheur que l'état du pays lui permît de courir ces grandes chances qu'il croit aujourd'hui trop fortes et trop vives, il eût devancé la discussion d'aujourd'hui par un projet de loi dont il aurait réclamé l'initiative.

» S'il ne l'a pas fait, vous avez par là même la mesure de son opinion et des luttes qu'il a dû soutenir avec sa propre pensée et sa propre volonté.

» Laissez-moi m'expliquer.

» Il y a une chose certaine, et je prie les hommes qui m'écoutent, à quelque parti qu'ils appartiennent, de vouloir bien descendre un instant dans leur cœur et de me dire si je ne suis pas dans le vrai.

» Quant à nous, nous avons la conviction que l'administration qui pourra un jour proposer l'abrogation des lois de proscription fera pour elle un acte de grand honneur et se donnera une incontestable popularité.

» Eh bien ! si nous avons résisté à cette tentation, permettez-moi de vous dire simplement, mais très-sincèrement, qu'il n'y a que le sentiment de notre devoir et le sentiment de la responsabilité que nous commande l'intérêt du pays qui aient pu nous donner le courage de le faire. »

J'ai cru devoir rappeler les paroles prononcées, il y aura bientôt 17 ans, par un homme qui était alors ministre du président de la République et qui est encore aujourd'hui l'un des personnages politiques les plus considérables du gouvernement impérial, parce qu'elles expliquent et justifient la demande que je viens vous adresser. Le langage que tenait en 1851 votre honorable collègue, M. de Royer, autorisait à penser qu'on touchait presque au moment où un grand acte de conciliation, un acte qui honorerait presque autant le pays que les hommes placés à sa tête, deviendrait possible.

Depuis lors il s'est écoulé près de dix-sept années, et je ne suis certainement pas le seul à qui la pensée soit venue que la proposition d'abroger et de faire disparaître ce qui restait encore des lois et des mesures de proscription, qui sont trop souvent la conséquence de nos grandes agitations politiques, pouvait se produire enfin avec une véritable opportunité.

Si vous n'avez pas encore été saisis d'une telle proposition, c'est sans doute parce que les citoyens, dans l'esprit et dans le cœur desquels elle était depuis longtemps en germe, n'attendaient qu'une occasion favorable pour la soumettre à votre examen.

Un acte récent du chef de l'Etat permet de penser que s'il n'a pas voulu faire naître lui-même cette occasion, il reconnaît tout au moins que le sol sur lequel son gouvernement a marché depuis qu'il existe se trouve assez affermi pour « supporter le pouvoir et la liberté. »

Aujourd'hui que Napoléon III proclame qu'il est possible de donner aux institutions de l'Empire tout le développement dont elles sont susceptibles et aux libertés publiques une extension nouvelle, sans compromettre le pouvoir que la nation lui a confié, ne m'est-il pas permis de vous soumettre en toute confiance une proposition dont le gouvernement ne combattait pas le principe même en 1851, et dont il ne demandait alors l'ajournement qu'en invoquant des raisons d'opportunité?

Qui pourrait encore aujourd'hui se retrancher derrière de semblables raisons pour retarder le moment où l'administration, comme le disait M. de Royer, fera, en prenant l'initiative de l'abrogation des lois de proscription, un acte de grand honneur pour elle, en même temps qu'elle se donnera une incontestable popularité.

Mais pour appuyer ma pétition, il y a une déclaration bien autrement grave et qui pèsera, permettez-moi de l'espérer, d'un poids tout à fait décisif sur la résolution qu'elle doit déterminer : c'est le vœu que formait en 1848, comme je l'ai rappelé en commençant, un prince qui allait être placé à la tête du gouvernement de la France.

Il avait connu l'exil et il le rappelait avec une dignité égale à la tristesse qu'il semblait en ressentir encore; l'Empereur ne saurait avoir oublié sur le trône cette amertume et cette douleur de tous les instants qu'éprouvent tous ceux que des lois de proscription tiennent éloignés de leur patrie et condamnent peut-être à mourir sur la terre étrangère. Si j'ajoute que notre pays est dans ces sentiments, et qui pourrait prétendre le contraire sans le calomnier ? je crois qu'il ne me restera plus rien à dire pour justifier une pétition qui se recommande, d'ailleurs, par sa nature même, au souvenir reconnaissant du plus grand nombre d'entre vous.

J'ai l'honneur d'être, Messieurs les Sénateurs, avec une respectueuse considération,

Votre très-humble et très-obéissant serviteur.

DEGOUVE-DENUNCQUES.

Paris.—Typogr. de E. Brière, 257, rue Saint-Honoré.

www.ingramcontent.com/pod-product-compliance
Ingram Content Group UK Ltd.
Pitfield, Milton Keynes, MK11 3LW, UK
UKHW020459230726
13925UKWH00005B/2037

9 782019 242473